HAMBURG
Binnen-alster
R 1
B 75
B 5
B 4
Hamm
Pauli
Kloster-tor
Großmarkt Hamburg
Oberhafen
Mittel-kanal
Süd-kanal
Bille
Horn
Bullenhuser Kanal
Billekanal
Billbrookkanal
Niederh.
Sandtorhaf.
Grasbrookh.
Hamb. Cruise Center
Baakenhafen
NORDERELBE
AMB Logistik Zentrum
Sasol-Wax
Norder-werft
Süd-West Termin.
Shell
Segelschiffh.
Moldauhafen
Übersee Zentrum HHLA
Norder-elb-brücken
Haken
Rothenburgsort
Kleiner Gras-brook
Unikai
Frucht u. Kühlzentrum HHLA
Hansahafen
Saalehafen
Reiher-stieg
Steinwerder Hafen
1 2 3 4 5 6 7 6 8 9
Billwerder Bucht
Tidekanal
Industriekanal
Billbrook
Moorfleeter Kanal
Peuteh.
Veddel
Hovekanal
Müggenburger Kanal
Veddelkanal
Spreehafen
Müggenb. Zollhafen
Buss Hansa Term.
Trave-hafen
A 252
Ernst-August-Kanal
1 IGS
2 W.Bruhns
3 Sump
4 Schwarze & Cons.
5 TCI
6 Saco Shipping
7 Prahl & Barsoe
8 Quast & Cons.
9 B.Vollers
A 255
Norddeutsche Affinerie
Holz-hafen
Alte Dove-Elbe
A1 Lübeck 55 km
A24 Berlin 270 km
CMR
Hell-mann
dpd
Veringkanal
Aßmannkanal
Jaffe-Davids-Kanal
Georgs-
werder
A 1
Reiherstieg
Moorfleet
Wilhelmsburg
G.T.H.
Halter-mann
Dove-Elbe
A 25
TCO
Vopak
Schaar
Kaffeelagerei
Hagel
Diamant-mühle
TCO
Tatenberg
A25 Geesthacht 18 km
Shell Deutschland Oil
Wall-mann
Rhe-nus
HaBeMa Futtermittel
Spadenland
Krages
Seehafen 3
Seehafen 2
Seehafen 1
Rhe-nus
Mid-gard
Noblee-Thörl
Garbe
H.J. Müller
Cargill
Wilh. Mulch
Süder-elb-brücken
SÜDERELBE
Moorwerder
Cargill
Lotsekan.
Verkehrsh.
Neuland
Ochsenwerder
Harburg
B 73
A 253
Bullenhausen
Hafen Oortkaten
ELBE
0 1 2 3 km
Hafengebietsgrenze
Freihafengrenze
Bahnhof der Hafenbahn
Sperrwerk
A1 Bremen 100 km
A7 Hannover 135 km
A250 Lüneburg 30 km
Geesthacht 22 km

Edition Maritim

Michael Pasdzior

DER HAMBURGER HAFEN

Edition Maritim

Bibliografische Information der Deutschen Nationalbibliothek
Die Deutsche Nationalbibliothek verzeichnet diese Publikation in der Deutschen Nationalbibliografie;
detaillierte bibliografische Daten sind im Internet über http://dnb.d-nb.de abrufbar.

1. Auflage
ISBN 978-3-89225-552-9

Raboisen 8, 20095 Hamburg

Umschlag: Buchholz / Hinsch / Hensinger, Hamburg
Fotos: Michael Pasdzior, Hamburg / www.Hamburg-Dia.de
Text: Svante Domizlaff, Hamburg
Druck und Bindearbeiten: Westermann Druck Zwickau, Zwickau

Printed in Germany 2008

Vertrieb: Delius Klasing Verlag, Siekerwall 21, 33602 Bielefeld
Tel.: 0521/55 90, Fax: 0521/559115
E-Mail: info@delius-klasing.de
www.delius-klasing.de

Inhalt

HOTEL HAFEN HAMBURG

BLOHM+VOSS DOCK ELBE 17

Deutschlandfunk 88,7 Hören ist Wissen.

Die Landungsbrücken – das Herz des Hafens

Das Herz des Hamburger Hafens, das sind die St. Pauli-Landungsbrücken. Wer den Hafen besucht, der orientiert sich zunächst an diesem Verkehrsknotenpunkt. Die Elbe ist hier relativ schmal, nur knapp 400 Meter breit. Unterhalb von St. Pauli gelegen, mit S- und U-Bahn erreichbar, steigt man über eine der zehn Brücken auf die fast 700 Meter lange Anlage der Schwimmpontons, die sanft im Hafenwasser schaukeln. Hier machen die Ausflugsschiffe fest und die Elbfähren, hier drängen sich die Barkassen und Passagierschiffe der Hafenrundfahrt zusammen, hier kann man Elbsegler-Mützen kaufen und Fischbrötchen essen.

Gegenüber, auf der anderen Elbseite, sieht man die Anlagen von Blohm+Voss, Hamburgs letzter Großwerft. Meist liegen Schiffe zur Reparatur in den mächtigen Schwimm- und Trockendocks, und wenn hier große Seeschiffe passieren, dann zum Anfassen nahe. Obwohl die größten Schiffe heute in den Containerterminals elbabwärts stoppen, lohnt es sich, ein wenig zu warten. Irgendwann kommt bestimmt einer der stählernen Riesen vorbei, und wenn man Glück hat, sogar eines der „Traumschiffe“ auf dem Weg zum Passagierschiff-Terminal elbaufwärts.

Die St. Pauli-Landungsbrücken und die Ufer östlich und westlich davon sind Besuchertreffpunkt bei allen Großereignissen wie dem Hafengeburtstag alljährlich im Mai oder wenn mit Feuerwerk und Wasserfontänen aus Löschbooten ein besonderes Schiff im Hafen begrüßt wird und die Zuschauer anlockt.

Die Landungsbrücken mit Elbtunnel-Kuppel gegenüber der Werft Blohm+Voss – im Herzen des Hafens (links oben).

Ausflugsboote und Fähren vor den Landungsbrücken, im Hintergrund die imposanten Neubauten nördlich der Landungsbrücken, Seefahrtsbehörden und das Hafenkrankenhaus (links unten).

Geschäftiges Treiben am Johannisbollwerk: Hafenfähren steuern elbabwärts (unten).

Im Binnenhafen, der Keimzelle von Hamburgs Hafen, liegen Barkassen vertäut. Die Niederbaumbrücke führt zur HafenCity (oben).

Zwei Hamburger Wahrzeichen: der Michel und das Museumsschiff „Cap San Diego“ an der Überseebrücke (rechts oben).

An die große Segelschiffszeit erinnert die Bark „Rickmer Rickmers“. Sie liegt als Museumsschiff an den Landungsbrücken (rechts unten).

Landungsbrücken gab es an dieser Stelle erstmals 1839. Hier machten die ersten Dampfschiffe fest, um Kohlen zu übernehmen. Die grauen Tuffstein-Gebäude mit Pegelturm und Wasserstandsanzeiger und den hellgrünen Dächern aus oxydiertem Kupfer entstanden erst 1909. Nun legten hier die großen Übersee-Passagierschiffe der Hamburger Reedereien an. Die Landungsbrücken sind seither eine Art Schiffsbahnhof, inzwischen aber nur noch für den Unterelbe- und Helgoland-Verkehr.
Die Ostseite der Landungsbrücken wurde zum Liegeplatz für Hamburgs größtes Museumsschiff. Die leuchtend grüne, 1896 gebaute Bark „Rickmer Rickmers“ ist zwar nicht mehr fahrbereit, gibt aber einen guten Einblick in das Leben an Bord eines Windjammers im späten 19. Jahrhundert. Für die Passagierschiffe und Flottenbesuche fand man ein Ausweichquartier: die geschwungene, hellblau gestrichene Überseebrücke ein paar Hundert Meter elbaufwärts. Auch hier hat ein Museumsschiff festgemacht, die „Cap San Diego“. Einst für die Reederei Hamburg-Süd im Fracht- und Passagierdienst nach Brasilien unterwegs, wird sie heute als Ausstellungs- und Hotelschiff genutzt. Im Gegensatz zur „Rickmer Rickmers“ ist sie noch voll einsatzfähig.
Eine weitere Landmarke rund um das Ensemble der Landungsbrücken ist der 1911 fertiggestellte Alte Elbtunnel, von dem allerdings nur das mächtige Eingangsgebäude mit seinem grünen Hut zu sehen ist. Um den täglich Tausenden von Werftarbeitern auf dem südlichen Elbufer, dem Steinwerder, den Weg zu ihrem Arbeitsplatz zu erleichtern, baute man einen Tunnel: 426 Meter lang, bestehend aus zwei sechs Meter hohen, gekachelten Röhren. Die Tunnelsohle liegt 24 Meter unter der Wasseroberfläche, das Tunnel-„Dach“ drei Meter unter dem Elbschlick.
Das Bauwerk kostete damals 10,7 Millionen Goldmark und galt als technische Sensation. In den ersten Jahren passierten den Tunnel bis zu 20 Millionen Menschen im Jahr. Heute sind es alljährlich nur noch etwa eine halbe Million – und die meisten davon Touristen.

RICKMER RICKMERS
RESTAURANT

Im City Sporthafen am Baumwall liegt ein – ehemals englisches – Feuerschiff vertäut. Es leuchtet nicht mehr, dafür bietet es Restauration an Bord (linke Seite).

Hafenrundfahrt-Barkassen im City Sporthafen, unterhalb von Kehrwiederspitze und Hanseatic Trade Center. Hier beginnt die HafenCity (oben).

Hamburg futuristisch: Die U-Bahn auf ihrem Viadukt passiert das Verlagsgebäude von Gruner+Jahr am Baumwall (links).

Das Musical „Der König der Löwen“ ist ein Dauerbrenner – und am besten mit der Fähre zu erreichen, schräg gegenüber den Landungsbrücken (oben).

Tief unter der Elbe: Die gekachelte Röhre des alten Elbtunnels wurde noch für Kutschen gebaut (rechts).

Abendstimmung über Niederbaumbrücke und Überseebrücke mit dem Museumsschiff „Cap San Diego“ (rechts oben).

Blick in die Schwimmdocks von Blohm+Voss, rechts die U-Bahn am Baumwall mit einem aus dem Krieg verbliebenen Bunker (rechts unten).

ELBE 17

Die historische Speicherstadt

Zinnen und Türme krönen die Speicherstadt. In dem schlossartigen Gebäude mit der geschmückten Fassade hat die Hamburger Hafen und Logistik AG ihren Sitz (unten).

Türme über Hamburg: der Michel, das einstige Freihafen Lagerhaus-Verwaltungsgebäude bei St. Annen, die St. Katharinen-Kirche, die Zentrale der Reederei Hamburg Süd und dahinter St. Nikolai (rechts).

Bedeutende Städte demonstrieren ihren Reichtum und ihre Unabhängigkeit gern durch den Bau von Burgen und Schlössern. Reich und als Stadtrepublik bis heute selbstständig geblieben, verzichtete Hamburg stets auf royales Gepränge. Hamburgs Könige sind die Kaufleute, und persönlicher Prunk gilt ihnen als unhanseatisch. Nur für die Lagerung ihrer Handelsware ist ihnen kein Aufwand zu groß.
Wer sich einen Eindruck davon machen möchte, der wird in der historischen Speicherstadt zwischen Innenstadt und HafenCity auf seine Kosten kommen. Umgeben von Fleeten – den Burggräben ähnlichen künstlichen Wasserläufen –, erhebt sich hier, sechs bis acht Stockwerke („Böden") hoch, im Stil norddeutscher Backsteingotik, eine ganze Lagerhausstadt aus dem Wasser: Mit rund einer halben Million Quadratmetern Lagerfläche ist es der größte zusammenhängende Lagerhauskomplex der Welt. Wuchtig, halb Schloss, halb Kathedrale, mit Türmen, Erkern und farbig gebrannten Ziegeln verziert und von leuchtend grünen Kupferdächern gekrönt, repräsentiert die Speicherstadt wie kein anderes Bauwerk die reiche Handelsgeschichte Hamburgs.
Noch bis vor wenigen Jahren lagerte in der Speicherstadt ein Schatz, dessen Wert an Märchen aus Tausendundeiner Nacht erinnert, in dem alle Wohlgerüche des Orients zu einem einzigartigen Duftteppich zusammenströmen. Hamburger Handelsher-

HAMBURG

ELISE
BASTAU

REPSOLD
Hans
Hbg 13212B
LIBELLE

Hammonia und Europa zieren die Brooksbrücke zur Speicherstadt (oben).

Die Speicher am Sandtorkai, im Hintergrund das Hanseatic Trade Center (rechts).

Barkassen haben am schwimmenden Anleger bei den Kajen festgemacht. Prächtig die Backsteinfront der Speicherstadt mit ihren oxidierten Kupferdächern (vorhergehende Doppelseite).

ren haben diesen Schatz zusammengetragen: das weltgrößte Lager von Orientteppichen, die besten Provinienzen aus Persien und Afghanistan, Seide aus China, Kakao von der Elfenbeinküste, Gewürze von Madagaskar, Kaffee aus Afrika und Mittelamerika, Tee aus Indien, Tabak aus Virginia, Häute aus Südamerika.
Was die Kaufleute aufgrund ihrer weltweiten Handelsverbindungen erwarben und per Schiff nach Hamburg transportierten, konnte in der Speicherstadt zollfrei gelagert werden, um dann bei günstiger Gelegenheit seinen Weg an den Großhandel im Binnenland zu nehmen – natürlich mit dem erhofften Profit. Die Ware wurde von den Seeschiffen in Schuten umgeschlagen, die klein genug waren, um direkt an der Fleetseite der Speicher festzumachen. Über die in den Giebeln der Häuser verankerten

Kannengießerortbrücke im Zentrum der Speicherstadt. Die Lagerräume wurden inzwischen zu Büros umgewidmet (oben).

Nur noch selten werden die Lagerböden mit dem hauseigenen Kran bedient, so wie es mehr als 100 Jahre üblich war (links).

Die nördliche Front der Speicherstadt gegenüber Kajen. Rechts moderne Büroneubauten, links sieht man noch die charakteristische Goldschrift mit dem Begriff „& Cons." der Quartiersleute. Heute sind hier das Eisenbahn Wunderland und das Gruselkabinett „Hamburg Dungeon" untergebracht.

Kräne hievte man die Ballen, Säcke und Kisten auf den jeweiligen Boden. Hinter den bis zu drei Meter dicken Backsteinmauern lagerte die Ware sommers wie winters bei konstant 12 Grad Celsius bis zum Weitertransport mit Fuhrwerk und Lkw.
Sogenannte „Quartiersleute“ sorgen für die sachgerechte Lagerung und Behandlung des wertvollen Importgutes. Da diese Arbeiten eine gründliche Warenkenntnis voraussetzten, haben sich die meisten Firmen des Quartiersmannsgewerbes auf bestimmte Warengruppen spezialisiert. Da mehrere Quartiersleute eine Firma gründeten, wurde diese meist nach dem Wortführer benannt, während die übrigen Mitstreiter sich als „Consorten“ bezeichneten. Dieser Ausdruck findet sich auch heute noch in goldenen Lettern über den Kontoren, meist in der Abkürzung „& Cons.“
Der Bau der Speicherstadt geht zurück auf das Jahr 1882. Gegen die Reichsgründung durch Bismarck hatten sich die Hamburger gewehrt, weil sie auf ihre Zollprivilegien verzichten sollten. Bismarck köderte die Hanseaten mit der Einrichtung eines Freihafens, in dem die eingeführten Güter gelagert und weiter verarbeitet werden konnten, bevor sie beim Weiterverkauf die Schranken des Zolls passierten. Mit dem Zollanschluss 1882 setzten die Hamburger ihr Freihafen-Lagerhausprojekt rasch um und steckten ihren ganzen Kaufmannsstolz in das gigantische Bauvorhaben. Bereits 1885 zogen die „Pfeffersäcke“ in ihr neues Zuhause ein.
Den Krieg hat die Speicherstadt unbeschadet überstanden – die Einführung des Containers in den 1980er-Jahren allerdings nicht, denn Kaffee, Tee, Kakao und andere edle Güter werden heute ausnahmslos in Containern transportiert. In die nun frei werdenden Speicher zogen die größte Modelleisenbahnanlage der Welt, ein Zoll- und ein Gewürzmuseum. Die Böden der Speicherstadt wandelten sich zu Lofts und Büros für junge Unternehmen. Traditionelle Lagerbetriebe finden sich auch heute noch, aber sie werden weniger. Auch wenn die Speicherstadt noch auf ihre Anerkennung als UNESCO-Kulturerbe warten muss: Sie lädt jeden Besucher zum Staunen ein.

Zwischen den Lagerhäusern der Speicherstadt erlauben Fleete den Zugang zu den Böden von der Wasserseite her. Heute verkehrt hier allenfalls noch die Hafenrundfahrt (links)

Kontraste: die moderne Fassade des Hanseatic Trade Center und die burgartige Front mit Türmen und Erkern der Speicherhauswelt (oben).

Hamburg weiß, wie man Eindruck machen kann: Die romantischen Treppenhäuser der Backstein-Speicherstadt werden bei Nacht beleuchtet. Überraschende historische Architektur in einer Stadt, die während des Zweiten Weltkrieges zu 80 Prozent zerstört wurde (folgende Seiten).

A. MIRZAI
ORIENT
TEPPICHE
335326
Block V

Neue Lebensräume für die Stadt – die HafenCity

An keiner anderen Stelle wird der dramatische Wandel von Hamburgs Stadt und Hafen so deutlich sichtbar wie beim Projekt HafenCity. Wo Hamburgs Hafen einst seinen Aufschwung nahm, rund um die alten Hafenbecken südlich von Innenstadt und Speicherstadt und weniger als einen Kilometer vom Rathausmarkt entfernt, wurden die Hafenanlagen weitgehend abgetragen – Lagerschuppen, Kräne, Silos, kilometerlange Gleisanlagen, ein ganzes Kraftwerk –, um einer neuen Bebauung Platz zu machen. Sie werden für den Umschlag nicht mehr benötigt, da Waren heute hauptsächlich in Containern transportiert werden, und für die hat man völlig neue Terminals auf der Hafen-Südseite gebaut.

Die HafenCity entsteht auf der gigantischen Fläche von 155 Hektar, das entspricht etwa 40 Prozent des Innenstadtbereiches. Hier entstehen bis 2025 5500 Wohnungen für 12 000 Menschen, Büros mit 40 000 Arbeitsplätzen, dazu Restaurants, Geschäfte und Kultur- und Freizeiteinrichtungen am Wasser und Liegeplätze für Passagierschiffe – ein Eldorado für Architekten aus aller Welt. Die bereits fertiggestellte Bebauung, beginnend an der Kehrwiederspitze, vermittelt einen Eindruck von dem, was das Gesamtvorhaben erwarten lässt.

Drei prägnante Landmarken prägen die HafenCity: Seit 2007 wird an Hamburgs neu-

2005 wurde der westliche Teil der HafenCity am Sandtorkai bezugsfertig, eine Mischung aus Wohn- und Bürohäusern, jedes von einem anderen Architekten gestaltet und ein Vorgeschmack auf Kommendes (links).

Mietwohnungen am Dalmannkai, davor die Marco-Polo-Terrassen mit Flaniermeile (unten).

Backstein und kubische Formen prägen die Häuser am Sandtorkai, sturmflutsicher auf Polder gebaut (oben).

Harbour Cube nennt sich das Haus mit Wohnungen Am Sandtorkai 58. Vorn der Hafen, hinten die Speicherstadt (rechts).

Wohnen und Arbeiten im Haus H20, Am Sandtorkai 64. Ein bewusster Kontrast zur benachbarten Speicherstadt (oben).

Zwei unterschiedliche Wohnwelten: die neuen Häuser Am Sandtorkai 66 und 68 und die Backsteinfassade der Speicherstadt (links).

er Konzerthalle gebaut, der Elbphilharmonie. Basis dafür ist der gewaltige, 1966 fertiggestellte Backsteinkubus des Kaispeichers A, einst für die Lagerung von Kakao gedacht. Er ruht auf 1111 in den Elbsand getriebenen Betonpfählen. Das Gebäude ist entkernt und wird ein Hotel und Wohnungen erhalten. Die beiden Konzertsäle, mit je 2150 und 550 Sitzplätzen, sind umhüllt von einer Stahl- und Glaskonstruktion wie Wolken, Wind und Wogen, die über dem Speicher zu schweben scheinen.
Stahl- und Glasdesign herrschen auch bei dem 2004 in Dienst genommenen Hamburg Cruise Center vor, dessen Architektur den kubischen Formen des Transportcontainers folgt. Hier werden bei ihrem Besuch in Hamburg die großen Kreuzfahrtschiffe abgefertigt, die schwimmenden Paläste der modernen Freizeitgesellschaft.

CHINA SHIPPING

Die Mischung aus Alt und Neu eröffnet in der HafenCity immer wieder überraschende Perspektiven (oben).

Die modernen Häuser sind im westlichen Teil der HafenCity schon fertig. Jetzt muss sich das Neue mit Leben füllen (links).

Stahl und Glas wurden für das Bürogebäude der chinesischen Reederei China Shipping gewählt. Im Hintergrund Speicherstadt und St. Nikolai (linke Seite).

SAP

In zentraler Lage der HafenCity erhebt sich der kathedralenartige Backsteinbau des Kaispeichers B, des 1879 fertiggestellten ältesten Lagerhauses der Hansestadt. 2008 eröffnete in dem vollständig renovierten historischen Bauwerk das Internationale Maritime Museum. Auf 11 500 Quadratmetern Fläche, die über zehn Stockwerke – sogenannte Böden – verteilt sind, ist hier die einstmals private Sammlung des Marinehistorikers Prof. Peter Tamm ausgestellt. Tamm, der viele Jahre lang als Vorstandsvorsitzender des Axel-Springer-Medienkonzerns tätig war, hat seine berufliche Laufbahn als Schifffahrtsredakteur des „Hamburger Abendblattes" begonnen. In mehr als 60 Jahren trug er eine einzigartige Sammlung maritimer Kostbarkeiten zusammen, für die bereits kurz nach der Eröffnung der Platz kaum noch ausreicht.
Die Sammlung Tamm umfasst rund 27 000 große und kleine Schiffsmodelle, Tausende Konstruktionspläne, Uniformen, Navigationsgeräte, Waffen, Gemälde, nautisches Gerät und die Hinterlassenschaften berühmter Admiräle und Seehelden von der Antike bis in die heutige Zeit. Der „Seeteufel" Graf Luckner ist hier ebenso vertreten wie Erinnerungsstücke von Lord Nelson. Es ist wohl mehr als ein Zufall, dass nur einen Steinwurf weit vom Museum entfernt – auf dem Grasbrook der HafenCity – einst der gefürchtete Seeräuber Klaus Störtebeker und seine Spießgesellen hingerichtet wurden. Das Internationale Maritime Museum, in Hamburg auch als „Tamm-Museum" bekannt, ist eine lebendige Kultureinrichtung. Das angegliederte Institut für Schifffahrts- und Marinegeschichte sowie eine umfangreiche maritime Bibliothek stehen Wissenschaftlern aus aller Welt zur Verfugung.
Schon wenige Tage nach seiner Eröffnung am 25. Juni 2008 zeigte ein großer Besucherandrang, dass Hamburg mit dem Maritimen Museum einen Publikumsmagneten bekommen hat, der die großen Investitionen rechtfertigt. Der Kaispeicher B mit dem Museum und der Kaispeicher A mit der Konzerthalle erregen weltweit Aufmerksamkeit – sie sind die Kronjuwelen der HafenCity.

Trutzburg: Der renovierte Kaispeicher B von 1879 bietet auf 11 500 m² Ausstellungsfläche Platz für die Exponate des Internationalen Maritimen Museums Hamburg der Sammlung Peter Tamm. Es wurde im Sommer 2008 der Öffentlichkeit zugänglich gemacht (oben).

Formen und Materialien der HafenCity huldigen der Zukunft im Städtebau. Das Extreme ist nicht unumstritten, aber auch das gehört zu einer lebendigen Stadt (linke Seite oben).

Für die Flutschutzmauer wurden Steine und Muster aus den Fassaden der Speicherstadt zum Vorbild genommen (linke Seite unten).

Beach Clubs und Backsteinburgen – der Hafenrand

Von den St. Pauli-Landungsbrücken elbabwärts zieht sich bis nach Altona der sogenannte Hafenrand hin. Den Geestrücken, entlang der Bernhard-Nocht-Straße, dominieren trutzige Backsteinburgen – ufernah an der Hafenstraße können sie auf eine ganz eigene Geschichte zurückblicken. Hinter den aus der Kaiserzeit stammenden Backsteinmauern sind Behörden untergebracht, die Sturmwarnungen herausgeben und weltweite Wetterdienste anbieten, wo Seekarten und Leuchtfeuerverzeichnisse ausgearbeitet und Unfälle auf See analysiert werden.
Das Bernhard-Nocht-Institut für Tropenmedizin, gleich nebenan, ist ein Spezialkrankenhaus für exotische Krankheiten und Seuchen, die heute weniger von Schiffsbesatzungen als vielmehr von fernreisenden Flugpassagieren eingeschleppt werden. Bis zur Jahrtausendwende stand hier außerdem die Bavaria St. Pauli-Brauerei. Das Brauhaus ist inzwischen abgerissen und hat einem Büro-Hochhauskomplex und einem schicken Hotel Platz gemacht. Das Empire Riverside Hotel, mit der Bar „20 up“ im 20. Stock, bietet einen gigantischen Ausblick über Stadt und Hafen, der sich sogar auf der Herrentoilette genießen lässt.
Die Wohnhäuser zu Füßen des Hotels, an der Hafenstraße gelegen, entwickelten sich in den 1980er-Jahren zu einem sozialen Brennpunkt, als junge Leute zwölf in Stadteigentum befindliche, leerstehende und zum Abriss vorgesehene Gebäude kurzerhand besetzten, um sich hier dauerhaft einzuquartieren. Sie malten politische Paro-

Beach Clubs mit künstlich aufgeschüttetem Sand laden zum Verweilen ein. Die Schiffe auf der Elbe gibt es gratis zu sehen (links oben).

Oberhalb der Hafenstraße sitzt man im Sommer unter künstlichen Palmen. Der Blick ist atemberaubend (links unten).

Weltbekannt, aber nur noch eingeschränkt frech: die einstmals besetzten, nun legalisierten Häuser an der Hafenstraße mit ihren bunten Fassaden und Parolen (unten).

Kuben prägen den Architekturgeschmack des 21. Jahrhunderts. Rund um die Hafenstraße wird mit neuer Ästhetik am Bau experimentiert. Es ist schick geworden, hier zu wohnen.

Den Fischmarkt dominiert die historische Fischauktionshalle, eines der wenigen historischen Bauwerke, das den Krieg überstanden hat. Am Sonntagmorgen ist hier Markt, beliebt ist die Halle auch für Großveranstaltungen (folgende Doppelseite).

len auf die Häuserwände und ließen sich auch von der alsbald in Marsch gesetzten Polizei nicht vertreiben. Die Straßenschlachten an der Hafenstraße sorgten weit über Hamburg hinaus für Aufregung. Erst 1995 zog Frieden ein: Die Stadt übertrug ihre zwölf Häuser einer extra dafür gegründeten Genossenschaft, und die Hausbesetzer leben seither mit staatlichem Segen in einer der schönsten Hafenlagen.

Noch weiter elbabwärts, wo sich die Hafenstraße in einem Bogen zur Altonaer Prachtstraße Palmaille emporschwingt, findet man eine andere Hamburgensie: den Fischmarkt. Jeden Sonntagmorgen von Sonnenaufgang bis 10 Uhr stehen hier Gemüse, Obst, Blumen und allerlei Trödel zum Verkauf – und Fische gibt es natürlich auch. Elb- und Nordseefischer machen mit ihrem frischen Fang am Altonaer Anleger fest, und

stilwerk

Mischbebauung am Altonaer Fischmarkt: links ein neues Bürogebäude, in der Mitte der modernisierte ehemalige Stadtspeicher und das einstige Stadtlagerhaus. Auch hier sind Geschäfte, Büros und Gastronomie eingezogen.

man kann seinen Hering, Aal, Dorsch oder Butt direkt vom Kutter kaufen. Derweil kämpfen die letzten Nachtschwärmer von St. Pauli in den umliegenden Kneipen gegen ihren Rausch, und aus den Musikboxen erklingt Hans Albers „La Paloma" – ein letzter Hauch lebendiger Tradition.
Das Gebiet des Fischmarktes zieht sich über mehr als zwei Kilometer unterhalb der Parks von Palmaille und Elbchaussee dahin. Mit dem Verlust der Fischindustrie in den 1960er-Jahren verödete dieses Gebiet. Erst in den letzten 20 Jahren wurden der Fischmarkt und die alte Fischauktionshalle, die sich anschließenden Getreidesilos, die Fischpackhallen und die vor sich hin gammelnden Stapelplätze Zug um Zug saniert. Auf dem Brachland entstand eine architektonisch interessante Perlenkette von Gebäuden mit Fachgeschäften, Büros und Restaurants.
Altona zeigte vorweg, was heute in der HafenCity in großem Stil entsteht. Die letzten Baulücken werden in den kommenden Jahren geschlossen. Bis dahin tummeln sich dort im Sommer junge Leute in sogenannten Beach Clubs und schlürfen, auf aufgeschüttetem Elbsand liegend, ihre Pinacolada unterm Sonnenschirm.
Die Wiederbelebung des Fischmarktes ist ein gelungenes Stück Stadtbaugeschichte, denn hier treffen klassische Hamburger Backsteinarchitektur und moderne Stahl- und Glaskonstruktionen gekonnt zusammen. Das Gebiet vibriert vor Leben. Hier finden sich einige der besten Restaurants Hamburgs (Henssler & Henssler, Fischereihafen-Restaurant, Rive) ebenso wie alte Hafenkneipen (Schellfischposten, Haifischbar).

Fährterminal und Bürogebäude an der Van-der-Smissen-Straße am östlichen Fischmarkt. Seit die England-Fähre nur noch bis Cuxhaven fährt, herrschen die Büros vor. Im Parterre befindet sich das Restaurant „Rive", ein Hamburger Klassiker (oben).

Zu beiden Seiten des Fischereihafens entstand im neuen Jahrtausend eine futuristische Büroarchitektur. Wie ein Passagierschiff wirkt der Komplex auf der Außenmole, die Schachtelbebauung im Hintergrund ist das Ergebnis umgewandelter Fischpackhallen (links).

Die Großwerft Blohm+Voss

Eine Stadt, in der viele Schiffe zu Hause sind, in der sollten auch viele Schiffe gebaut werden. Tatsächlich war Hamburg mit seinen vielen Großwerften noch bis in die späten 1950er-Jahre einer der bedeutendsten Schiffbaustandorte der Welt. Wer an den Landungsbrücken entlangbummelt, sieht immer noch große Schiffe, die auf dem gegenüberliegenden Elbufer in Schwimm- und Trockendocks liegen, von Kränen umrahmt und nachts in helles Licht getaucht. Hier ist die Heimat von Blohm+Voss, Hamburgs einziger verbliebener Großwerft. Aber die meisten Schiffe liegen hier nur zur Reparatur. Die günstigen Fertigungskosten, zu denen fernöstliche Werften heute arbeiten, haben die europäischen Schiffbauer aus dem Rennen geworfen.

Das große Werftensterben der 1970er-Jahre hat in Hamburg nur Blohm+Voss überlebt – und die Sietas-Werft in Neuenfelde, gegenüber Blankenese, ein Familienbetrieb, der kleinere Containerfrachter baut, sogenannte „Feeder-Schiffe", die in Nord- und Ostsee eingesetzt werden. Frachtschiffe baut B+V nur noch in Ausnahmefällen. Wegen des Preisdrucks aus Fernost konzentrieren sich die Hamburger seither auf Reparaturen, auf technisch hochkomplizierte Spezialschiffe wie Marinefregatten und -korvetten sowie große Luxusyachten. In dieser Nische überlebt die Werft.

Angefangen hatte es einst so ähnlich. Als Hermann Blohm und Ernst Voss am 5. April

Hamburgs Museumsschiff „Cap San Diego" liegt zur Überholung im gewaltigen Schwimmdock von Blohm+Voss (links).

Im Trockendock Elbe 17 von Blohm+Voss liegt das größte Passagierschiff der Welt, die „Freedom of the Seas", zur Reparatur. Sie hat die Größe eines halben Stadtviertels (unten).

Ein frisch lackierter Massengutfrachter verlässt das Dock von Blohm+Voss. Dazu wird der Boden des Schwimmdocks geflutet, bis der Frachter aufschwimmt (oben).

Die „Queen Mary 2“ liegt im Trockendock, einem abgetrennten eigenen Hafenbecken, das nach der Einfahrt leer gepumpt wird, sodass die „Queen“ im Wortsinn „auf dem Trockenen“ liegt (rechts).

Die Brücke des Altonaer Schiffsanlegers mit den Werftkränen von Blohm+ Voss im Hintergrund (oben).

Ein Massengutfrachter mit seinem plumpen Bug ist im Schwimmdock 11 aus dem Wasser gehoben worden. Regelmäßig werden hier Seeschiffe vom Bewuchs des Unterwasserschiffes befreit und neu gemalt (links).

1877 ihre Werft in Betrieb nahmen, mussten sie sich mit Reparaturarbeiten über Wasser halten. Erst als der Hamburger Segelschiffsreeder Laeisz sich hier einige seiner berühmten Flying P-Liner bauen ließ, stieg das Vertrauen in die Fähigkeiten der Werft. Ein paar Jahre später baute Blohm+Voss bereits die damals größten Passagierschiffe der Welt, die „Vaterland" und die „Bismarck", sowie eine Reihe großer Kriegsschiffe. Mit dem Bau des Schlachtschiffes „Bismarck", dem kampfstärksten Kriegsschiff seiner Zeit, wurde B+V zur Legende.
Am Ende des Zweiten Weltkrieges waren die Werftanlagen zerstört. Zu den ersten Nachkriegsneubauten gehörte das Segelschulschiff der Deutschen Marine, die 1958 in Dienst gestellte „Gorch Fock".

Der Schiffe Mastenwald

Hamburgs Nationalhymne „Hammonia" reimt „der Türme hoch Gestalt" auf „der Schiffe Mastenwald", und ein beliebter Shanty besingt auf Niederdeutsch „De Hamborger Veermaster" – den Hamburger Viermaster. Über Jahrhunderte prägten Kirchtürme und Masten von Segelschiffen die Silhouette des Hafens, und in der zweiten Hälfte des 19. Jahrhunderts war der Hafen vor lauter Masten tatsächlich kaum zu sehen.

Segelschiffen verdankt Hamburg seinen wirtschaftlichen Aufstieg. Bis dahin verlief die Entwicklung zwar kontinuierlich, aber erst in den letzten 200 Jahren rückte Hamburg auf in die Top Ten der Welthäfen.

Die Hütten der Sachsen auf dem kleinen Geesthügel, an der Stelle, wo Alster und Elbe zusammenfließen, wurden im Jahre 811 von den Franken ins Reich von Kaiser Karl dem Großen eingegliedert und mit Erdwall und Palisaden geschützt. Der Ort nannte sich Hammaburg, nach Hamme, was so etwas wie „feuchte Niederung" bedeutet. Schon damals lebten hier vor allem Kaufleute. Sie handelten mit Salz, Tuchen, Pelzen und Sklaven. 831 erhielt das frühe Hamburg Münzrechte, 834 einen Erzbischof.

Hamburgs Keimzelle liegt dort, wo sich heute ein Parkplatz und Ausgrabungsstätten befinden, zwischen St. Petri Kirche und Pressehaus. Überquert man von hier die nahe Ost-West-Straße auf die Speicherstadt zu, ist man schnell am Wasser. Hier mögen die ersten Boote der Händler festgemacht haben. Nur einen Steinwurf weit entfernt, unterhalb des Bogens, auf dem sich die U-Bahn über das Wasser schwingt, entstand

Hamburgs „Schiffe Mastenwald" war keine romantische Verklärung, sondern Wirklichkeit. Im ausgehenden 19. Jahrhundert dominierten noch Windjammer das Hafenbild. Blick vom Stintfang oberhalb der heutigen Landungsbrücken, die rechts im Bild noch knapp zu sehen sind.

Im Jahre 1899: Schuten bringen die Ladung zu den an Dalben im Strom vertäuten Schiffen (oben).

Am Altonaer Fischmarkt wird Kohle gesiebt. Hier machten die Segelewer der Unterelbe fest. Eine Aufnahme von 1902 (rechts).

Fruchtewer aus den Vierlanden mit gelegten Masten. Als Anhang eines Schleppers durchqueren sie den Binnenhafen (rechts oben).

Altona 1904: Seefischverkauf direkt von Bord. Hausfrauen und Mamsells prüfen die Ware (rechts unten).

das allererste Hafenbecken. Die Zufahrt wurde nachts mit einem schwimmenden Baum gesperrt. Die Straße Baumwall erinnert daran. Heute ist der kleine Binnenhafen Liegeplatz von Barkassen, die sich zumeist in Privatbesitz befinden.
Hamburgs Geschichte ist geprägt von viel Leid, von Feuer- und Wasserkatastrophen und schrecklichen Epidemien. 845 brandschatzten dänische Wikinger die Hammaburg, 1012, 1412, 1791, 1792 und 1962 verheerten Sturmfluten das flache Land, die aus England eingeschleppte Pest raffte 1350 die Hälfte der Bevölkerung dahin, mehr als 10 000 Menschen. 1892 forderte die Cholera Tausende Opfer. Ein großer Brand

WENDEMUTH.
BRUNSHAUSEN

JOH. RAHTJEN

vernichtete 1842 fast die gesamte Innenstadt, nachdem Hamburg bereits zu Beginn des 19. Jahrhunderts schwer unter der Besetzung durch französische Truppen gelitten hatte. Am schlimmsten aber waren die Bombennächte des Zweiten Weltkrieges. Im Feuersturm des „Unternehmens Gomorrha" sanken 1943 80 Prozent der Stadt und des Hafens in Schutt und Asche. In nur drei Tagen verloren 30 000 Hamburger ihr Leben. Mit großer Zähigkeit nahmen die Hamburger alle Rückschläge hin, als wenn ihnen mit jeder Katastrophe neue Kraft zuwachsen würde.

Von der Einrichtung der „Schifflände" im frühen Mittelalter bis zum Entstehen eines Welthafens brauchte es gut 1000 Jahre und vier wichtige Entscheidungen: die offizielle Hafengründung durch den – vermutlich gefälschten – Freibrief von Kaiser Barbarossa im Jahre 1189, den Bau der Befestigungsanlagen unter Einschluss des Hafens 1625, die Hamburg selbst im Dreißigjährigen Krieg zu einer uneinnehmbaren Festung machten, das Bekenntnis zum Ausbau des offenen Tidehafens und die Einrichtung des Freihafens nach dem Zollanschluss 1881. Frei von Schleusen, war Hamburg damit jederzeit von allen Schiffen anzusteuern, ihre Ladung konnte steuerfrei bis zum Weitertransport in der Freihafen-Speicherstadt gelagert werden.

Gegen Ende des 12. Jahrhunderts begann der Aufstieg des großen nordeuropäischen Handelsbündnisses, der Hanse, unter Führung der mächtigen Nachbarstadt Lübeck. Die Entdeckung Amerikas 1492 läutete den Wechsel ein. Hamburg profitierte durch seine strategisch günstige Lage von den bald beginnenden Warenströmen über den Atlantik, Lübeck sank in der Bedeutung zu Hamburgs Vorhafen an der Ostsee.

Die Geschichte des Hamburger Hafens ist untrennbar mit dem Namen Klaus Störtebeker verbunden, der im frühen 15. Jahrhundert als Seeräuber in Nord- und Ostsee unter den schwerfälligen, tief beladenen Hamburger Kauffahrteischiffen fette Beute machte. Der Hamburger Kaufmann ist im Grunde genommen aber gutmütig und versucht, Probleme auf diplomatischem Weg zu lösen. Wenn es ihm jedoch an das Wich-

29. April 1914: Das Turbinenschiff „Vaterland" vor den Helgen von Blohm & Voss, wo es im Jahr zuvor vom Stapel lief: 289 Meter lang und mit einer Maschinenleistung von 90 400 PS (links oben).

Blick in den Binnenhafen, die Keimzelle des Hamburger Hafens und Liegeplatz der Hafenschlepper. Rechts im Hintergrund die Speicherstadt. Eine Aufnahme aus den frühen 1930er-Jahren (links unten).

1927 hatte die Dampfkraft das Segelschiff schon fast vollständig abgelöst. Treibeis bedeckt den winterlichen Hafen (oben).

Die Wohnhäuser am Nikolaifleet – hier eine Aufnahme aus der Zwischenkriegszeit – wurden in den Bombennächten 1943 vollständig zerstört. Von St. Nikolai blieb nur der rußgeschwärzte gotische Turm stehen (linke Seite).

Auf dem Weg nach Südamerika: Mit 1315 Passagieren passiert das Drei-Schornstein-Turbinenschiff „Cap Arcona" der Reederei Hamburg Süd die Landungsbrücken in den 1920er-Jahren (oben).

Von der Bahn in das Lagerhaus – Sackkarre und Kaikräne von drei Tonnen Tragkraft beluden anschließend die Schiffe. So wurde noch bis in die 1960er-Jahre im Hafen gearbeitet (links).

30. März 1945, wenige Tage vor Kriegsende: Einer von 213 alliierten Luftangriffen auf Hamburg hat den Petroleumhafen in Brand gesetzt. Der Qualm zieht bis zu den Landungsbrücken. 55 000 Tote in sechs Kriegsjahren meldet die Statistik für die Hansestadt (linke Seite).

Kriegsschäden am Nikolaifleet. Ein Teil der alten Bebauung konnte restauriert werden. Im Hintergrund der Rathausturm und der Turm von St. Nikolai (oben).

1954 schritt der Wiederaufbau der Werft Blohm & Voss rasch voran. Die Montagehallen haben schon ein Dach (links).

tigste geht – nämlich sein Geld –, dann versteht er keinen Spaß. So rüstete der Hamburger Senat eine Kriegsflotte aus, mit dem Flaggschiff „Bunte Kuh". Dem Kommandeur Simon von Utrecht gelang es, Störtebeker und seine Spießgesellen bei Helgoland zu stellen und gefangen zu nehmen. Sie wurden nach kurzem Prozess auf dem Grasbrook hingerichtet.
Im frühen 17. Jahrhundert griffen die Hamburger noch einmal zur Gewalt, weil eine ganze Flotte von Hamburger Handelsseglern in die Hand von Piraten gefallen war. Das Kriegsschiff „Wappen von Hamburg" unter Admiral Karpfanger räumte an der westeuropäischen Küste auf, und fortan herrschte Ruhe auf dem Meer.
Mit Hamburgs Bedeutung wuchs auch sein Umfang. Mal half Geld, mal die politischen

Barkassen und Schlepper bringen die Hafenarbeiter zur Schicht. Am Baumwall, wo heute der City Sporthafen liegt, werden die Männer eingeschifft. Eine Aufnahme von 1951 (oben).

In den 1960er-Jahren war Hamburg noch einer der größten Schiffbaustandorte der Welt. Hier das Heck eines norwegischen Tankers im Dock der Reiherstiegwerft; Hamburgs Wahrzeichen St. Michaelis im Hintergrund (rechts oben).

Das Wirtschaftswunder der 1960er-Jahre brachte Hamburg einen Export-Boom. Hafenschlepper haben bei einem Stückgutfrachter angetaut (rechts unten).

Umstände, das Hafengebiet zu vergrößern. Die Unterelbe wurde vertieft, reguliert, mit Seezeichen versehen, und Lotsen begleiteten die Schiffe von Helgoland bis in die Stadt. Ein Hafenbecken nach dem anderen wuchs aus dem Sand und Schlick der Elbe, die noch im 19. Jahrhundert als fischreichster Fluss Europas galt.

Das Zeitalter der Dampfschifffahrt begann in Hamburg 1816, aber noch volle 100 Jahre war der Hafen von Segelschiffen geprägt. 1835 begann eine wichtige Ausbauphase. Es entstanden die Umrisse des Hafens, wie wir ihn heute kennen – und wie er nun nicht mehr benötigt und zurückgebaut wird. Im 1866 eröffneten Sandtorhafen machten die Handelsschiffe nicht mehr an Pfählen (Dalben) im Strom fest, sondern wurden an einer festen Kaimauer vertäut. Sie verfügte über Eisenbahnanschluss und Rollkräne zum Laden und Löschen. Das erste Hafenbecken, heute Teil der HafenCity, wurde zum Vorbild für alle weiteren Hafenbauten.

Zu Beginn des 19. Jahrhunderts war Hamburg unumstritten zum Welthafen geworden, und mit der Hamburg-Amerika Linie hatte hier auch die größte Reederei der Welt ihren Sitz. Das 20. Jahrhundert prägten Aufstieg und Niedergang in raschem Wechsel. Nach der nahezu vollständigen Zerstörung im Zweiten Weltkrieg war ein überraschend schneller Aufbau das Wunder nach dem vermeintlichen Ende.

Es war die Zeit von Hans Albers und Freddy Quinn, die Hamburg und die Seefahrt romantisch besangen. In den 1950er-Jahren entwickelte sich Hamburg kurzzeitig zum größten Werftenplatz der Welt. Aber auch der Hafen Hamburg rückte bald wieder an die Spitze. Die Einführung des Containers brachte neue Impulse und Herausforderungen. Die Hafenbecken für den Stückgutumschlag wurden überflüssig, am westlichen Hafenausgang wuchsen Containerterminals für Schiffe von nicht für möglich gehaltener Größe. Mit dem Fall der Mauer 1989 gewann Hamburg sein Hinterland zurück, und mit der beginnenden Globalisierung zur Jahrtausendwende erlebte der Hafen ein zweites Wirtschaftswunder. Die Hafenromantik ging zwar verloren, dafür schreibt der Hafen satten Gewinn. So wie es der Hamburger am liebsten hat.

SIGDA

VI
FAIRPLAY VI

STÜLCKENWERFT
STÜLCKEN

POCOS
CALDAS

Helgen der Stülckenwerft. Die 1848 gegründete Werft fusionierte 1966 mit dem Nachbarn Blohm+Voss – und verschwand. Heute steht hier das Zelt des Musicals „Der König der Löwen“ (Seite 62).

Eine Hiev Kaffeesäcke wird auf Paletten abgelegt und dann mit dem Gabelstapler weitertransportiert. Genormte Paletten waren in den 1960er-Jahren ein erster kleiner Schritt, um den Stückgutumschlag zu erleichtern. 20 Jahre später folgte die Revolution durch den Container (Seite 63).

Der Afrika-Terminal Ende der 1970er-Jahre, in der Mitte ein Schiff der Deutschen Afrika-Linien (DAL). Noch wird Stückgut mit Kränen gelöscht, aber die ersten DAL-Container sind ganz rechts im Bild schon zu erkennen. Die Türme der Stadt im Hintergrund (v. l.): St. Michaelis, St. Nikolai, St. Katharinen, der Wasserturm an der Sternschanze, der Fernsehturm, der Turm des Rathauses und St. Petri (links).

In den 1980er Jahren begann das Containerzeitalter. Die ersten Containerbrücken stehen am Burchardkai, und ganz links sieht man die ersten reinen Containerschiffe. Die anderen Frachter verfügen noch über eigenes Ladegeschirr, doch ist dieser Typ inzwischen fast vollständig von den Weltmeeren verschwunden (folgende Doppelseite).

Deutschlands größter Seehafen

Mit einem Umschlagsvolumen von 140 Millionen Tonnen ist Hamburg Deutschlands größter Seehafen, er ist – nach Rotterdam – der zweitgrößte Hafen Europas und steht in der Welt an neunter Stelle. Hamburg ist ein Universalhafen. Das heißt, an der Elbe ist jede Art von Ladung willkommen: 2007 waren es drei Millionen Tonnen Stückgut, 42 Millionen Tonnen Massengut wie Erz und Getreide, dazu flüssige Produkte wie Öl und Chemikalien, aber alles dominierend: der Container. Gern gesehen sind

dazu Kreuzfahrtpassagiere, die hier ein- und ausgeschifft werden und eine wachsende wirtschaftliche Bedeutung haben.
Hamburg ist ein offener Tidehafen. Das heißt, die Hafenbecken können bei jedem Wasserstand von Ebbe oder Flut angelaufen werden, ohne dass die Schiffe auf das Öffnen von Schleusen warten müssen. Das macht den Hafen so schnell. Nur die supergroßen Schiffe mit extremem Tiefgang müssen das richtige Tidenfenster abwarten und dann mit der Flutwelle einlaufen. Die ständige Vertiefung des Fahrwassers ist, nicht zuletzt aus Gründen des Naturschutzes und der Deichsicherung, ein politisches Dauerthema mit den benachbarten Ländern Niedersachsen und Schleswig-Holstein.
Hamburgs Hafen zu beschreiben ist nur in einer Momentaufnahme möglich. Den romantischen Hafen, wie ihn sich der Besucher aus dem Binnenland gern vorstellt, gibt es nicht. Es gibt keine Hafenarbeiter mehr, die bei Sonnenaufgang von quietschenden Schwimmstegen in Barkassen zur Arbeit an die Kais gebracht werden. Es rollen keine Sackkarren, und es fahren keine Gabelstapler mehr. Man darf auch nicht

Landmarke in Hafenmitte: Die heute völlig überlastete Köhlbrandbrücke wurde 1974 über das Köhlfleet gebaut, das Norder- und Süderelbe verbindet.
Die Brücke hat eine Gesamtlänge von 3,6 Kilometern, der Mittelteil ist 325 Meter lang und hat eine Durchfahrtshöhe von 53 Metern.

TERMINAL BURCHARDKAI
TERMINAL BURCHARDKAI
14 13 12 11
NOL
NOL
CAPITAL
EVERGREEN

TERMINAL BURCHARDKAI
TERMINAL BURCHARDKAI
TERMINAL BURCHARDKAI
HHLA
CSAV
CAPITAL
CAPITAL

Ein Meer von gestapelten Containern sowie eine Reihe Containerbrücken der Hamburger Hafen und Logistik AG (HHLA) am Burchardkai. In Ruhestellung zeigen die „Rüssel" nach oben (vorhergehende Doppelseite).

Mit einer Ladekapazität von 5500 Containern (TEU) gehört die „Monte Rosa" zu den größeren Schiffen der Reederei Hamburg Süd. Das Schiff fährt im Liniendienst nach Südamerika, um dort unter anderem Steaks zu laden. Daher können an Bord 1365 Container mit Kühlanschluss versorgt werden. Damit gehört die „Monte Rosa" zu den leistungsfähigsten Kühlschiffen überhaupt (rechts).

L BURCHARDKAI
URCHARDKAI
MONTE ROSA
MONTE ROSA

msc

European Containers
WWW.ECS.BE
European Containers
WWW.ECS.BE
European Containers
OOCL
tex

mehr die geschäftigen Kais entlangschlendern und den Männern bei der Arbeit zuschauen. Es gibt kaum noch Möwen und keine echten Hafenkneipen mehr, aber das Wasser ist wieder so sauber, dass man in der Elbe schwimmen darf.
Hamburgs Hafen hat in den letzten 30 Jahren eine so rasante Veränderung durchlaufen wie nie zuvor in seiner Geschichte. Ein Umschlagsrekord jagt den anderen, und die Arbeit von vielen Menschen haben wenige Spezialisten übernommen, die mithilfe von Computern, automatisierten Lade /Löscheinrichtungen und Verladebrücke ein großes Containerschiff in wenigen Stunden „drehen", das heißt abfertigen. Die Containerterminals gleichen Hochsicherheitsbereichen, damit hier niemand unter die Räder kommt und auch kein Terrorist sein Unwesen treiben kann.
Der Containerumschlag wächst derweil mit zweistelligen Zuwachsraten. Er lag 2007 bei rund 10 Millionen TEU. Als TEU (Twenty Foot Equivalent Unit) bezeichnet man den 20-Fuß-Standardcontainer. Containerschiffe haben heute Platz für bis zu 14 000 TEU auf einmal, und die Grenze scheint noch lange nicht erreicht. Diese Kistentransporter werden daher auch nicht mehr nach Bruttoregistertonnen (BRT) eingeteilt, sondern nach ihrer Containerladefähigkeit in TEU. Küstenfrachter für die Ostsee tragen ungefähr 1500 TEU, Frachter auf den Nebenstrecken wie Südafrika oder Süd- und Mittelamerika sind für 3000–5000 TEU ausgelegt, auf den Rennstrecken nach Ostasien und Nordamerika werden Schiffe jenseits 7000 TEU eingesetzt.
Die Revolution im Transportwesen begann für Hamburg am 31. Mai 1968, als mit der „American Lancer" das erste reine Containerschiff im Hafen festmachte. Für den Container war auch eine völlig neue Infrastruktur zur Lagerung und zum Abtransport nötig. Lagerhäuser und die herkömmlichen Hafenkräne reichten nun nicht mehr aus. Die staatliche Hamburger Hafen und Logistik AG (HHLA) und die private Eurokai AG bauten die ersten Anlagen gegenüber dem Lotsendorf Oevelgönne.
Inzwischen haben die Anlagen den Umfang eines Weltraumbahnhofs angenommen,

Ein 20-Fuß-Container der italienisch-schweizerischen Reederei MSC (Mediterranean Shipping Company) ist aus dem Stapel gepickt worden und rollt nun an der Laufkatze der Brücke an Bord (links oben).

Zwischen den Containern blinkt die Fassade des modernen Bürohauses Hanseatic Trade Center von der Kehrwiederspitze herüber (links unten).

Container, Van-Carrier-Hubwagen und zwei Containerbrücken: Am Eurokai beginnt die Beladung eines malaysischen Containerschiffes. Durch das Grün im Hintergrund führt die Elbchaussee, dazwischen liegt die Elbe (oben).

CHINA
LINE

tex
CRONOS
tex
OOCL
ACCURAT

In der Obhut von zwei Hafenschleppern wird das 5668 TEU große Containerschiff „Xin Fu Zhou" der China Shipping Line sicher durch die Elbe geleitet (vorhergehende Doppelseite).

Die automatisierte Hafenwelt des Containerterminals Altenwerder. Die Lade- und Löschvorgänge werden von wenigen Fachleuten per Computer gesteuert (diese Seiten).

und weil der Containerboom noch längst nicht zu Ende ist, wird als nächstes der Ölhafen gegenüber der Elbchaussee zugeschüttet und die Öltanks geschleift, um neue Liege- und Stapelplätze für den Containerumschlag zu schaffen. Direkt hinter der Köhlbrandbrücke – wo sich mit dem Hansahafen auch Hamburgs größter Erzumschlagplatz befindet – legte man das Fischerdorf Altenwerder flach. Der dort entstandene Terminal Altenwerder gilt als die derzeit modernste Einrichtung ihrer Art, ein Geisterhafen, der weitgehend automatisiert ist.

Für den Hafenbesucher sind die Containerterminals von Weitem an den riesigen, vierbeinigen Verladebrücken erkennbar. Sie werden jeweils von nur einem Spezialisten bedient. Der Kranarm der Brücke senkt sich über den Laderäume des Schiffes, ein Greifer mit Schnappverschluss angelt sich eine Kiste und setzt sie auf die Kaimauer, wo sofort ein sogenannter Van-Carrier zupackt, und sie zu dem vom Computer vorbestimmten Warteplatz rollt.

Für den Weitertransport gibt es drei Möglichkeiten: den Lkw – zu Zeiten windet sich etwa auf der Autobahn von Hamburg nach Bremen ein einziger Lindwurm von Con-

CONTAINER TERMINAL ALTEN
CTA
CONTAINER TERMINAL ALTENWERDER
ZPMC
SIEMENS
Hapag-Lloyd

CUNARD
Queen Mary 2
Wir begrüßen die Fans

Holland America Line

CUNARD

Wenn die Königin der Meere Hof hält, sind die Hamburger dabei: Besuch des Cunard-Liners „Queen Mary 2“ vor den Landungsbrücken (vorhergehende Doppelseite).

Die Anläufe von Kreuzfahrtschiffen häufen sich in Hamburg: An der Überseebrücke haben die „Eurodam“ der Holland-Amerika-Linie festgemacht (li. oben) und die stolze, 1969 gebaute „Queen Elizabeth 2“ von Cunard, mit Platz für 1900 Passagiere (li. unten). Das größte Passagierschiff der Welt (154 407 BRZ) ist die „Freedom of the Seas“ der Royal Caribbean-Reederei. Sie bietet 4300 Passagieren Platz (oben). Klein, aber fein: Die „Europa“ der Reederei Hapag-Lloyd, Hamburg, nimmt nur 450 Passagiere an Bord (unten).

tainer-Lkws – oder die Bahn, die südlich von Hamburg über den größten Verschiebebahnhof der Welt verfügt. Aber auch See- und Flusstransporte spielen eine wichtige Rolle. Feederschiffe, das sind kleinere Frachter für den Regionalverkehr, verteilen die Container in die skandinavischen oder osteuropäischen Häfen. Flußkähne fahren elbaufwärts und versorgen das 1989 seit der Wende offene Hinterland.
Lagen die Schiffe früher Tage und Wochen im Hafen, so dauert der Containerumschlag eines großen Schiffes heute kaum mehr als sechs bis acht Stunden. Dann warten bereits die Bugsierschlepper auf ihren Einsatz, drehen das Schiff mit dem Bug in die richtige Richtung und ab geht's. Lotsen begleiten die Schiffe bis in die 90 Kilometer entfernte Nordsee. Hafenlotse und Elblotse wechseln sich beim Lotsenhöft in Höhe

www.aida.de

AIDAdiva
BRATWURST

Die Taufe des Kreuzfahrtschiffes „AIDAdiva" feierten am 20. April 2007 Hunderttausende mit einem Feuerwerk (vorhergehende Doppelseite).

Beladung eines kleineren Containerschiffes für den Feederverkehr (oben).

Eine der alten Hafenfähren, wegen ihrer Form „Bügeleisen" genannt, bei der Großen Hafenrundfahrt am Eurogate-Terminal (rechts oben).

Zwei Container-Feederschiffe und ein Übersee-Carrier an Verladebrücken am Tollerort-Terminal (rechts unten).

Teufelsbrück ab, der Seelotse übernimmt die Beratung ab Cuxhaven. Wer das „antauen" der Schlepper und den Lotsenwechsel beobachten will, kann dies am besten in Hamburgs Kult-Kaffeeklappe „Strandperle" in Oevelgönne.
War es Weisheit oder nur Glück – Hamburg hat frühzeitig beste Kontakte in den Fernen Osten geknüpft, insbesondere nach China. Hamburg und Shanghai sind Partnerstädte. Hamburg ist zu Chinas Einfallstor nach Europa geworden. Von Chinas explodierender Wirtschaft profitiert damit auch der Hafen. Hamburgs Reeder hatten einst den Trend zum Container rechtzeitig erkannt und gelten daher weltweit als die Fachleute für den Einsatz von solchen Spezialschiffen. Finanziert wird in Hamburg, gebaut in Südkorea. Viele dieser Boxenriesen tragen die Schornsteinfarben internationaler Reedereien. An den haushohen Schiffswänden sind die Kürzel dieser Reedereien zu erkennen. Aber wo China Shipping, OOCL, MSC oder CGM CMA draufsteht, ist der wirkliche Eigner des Schiffes ein Hamburger Unternehmen, das den Containerriesen für gutes Geld vermietet – ausgechartert – hat.
Wenn seitlich an den Aufbauten eine kleine Reederei-Flagge zu erkennen ist, ein „E.R." oder ein „PD" oder ein weißes Hanseatenkreuz auf blauem Grund, dann erkennt der Fachmann: Hier haben Hamburger Großreeder wie Erck Rickmers, Peter Döhle oder Claus-Peter Offen ihre Hände im Spiel.
Schifffahrt und Container machten die Globalisierung erst möglich – und der Seehafen Hamburg profitiert von dieser Entwicklung in besonderem Maße. So ist es nachvollziehbar, dass die seelenlose, unromantische und gigantisch dimensionierte Con-

EUROGATE
EUROGATE
MSC MARIANNA

CONTAINER TERMINAL TOLLERORT
TOLLERORT CONTAINER TERMINAL
NOELL
CONTAINER TERMINAL TOLLERORT
TOLLERORT CONTAINER TERMINAL
UNIFEEDER
GOTLAND
TEAM LINES

TERMINAL BURCHARDKAI
HHLA
CMA CGM BALZAC
HAMBURG

HHLA
HHLA
CMA CGM
CAP FINISTERRE
HAMBURG SÜD

Gegenüber dem Elbstrand bei der „Strandperle“ hat die französische „CMA CGM Balzac“ (6627 TEU) festgemacht. Der Heimathafen Hamburg deutet darauf hin, dass es sich um ein Charterschiff handelt. Tatsächlich ist die Stader Reederei NSB Eigentümer des Schiffes. Im Hintergrund die „Cap Finisterre“ (2500 TEU) der Reederei Hamburg Süd, im Südamerikadienst eingesetzt (vorhergehende Doppelseite).

Beleuchtet von den Strahlen der untergehenden Sonne, gegenüber Oevelgönne, wird an zwei Containerschiffen gearbeitet. Die Arbeit wird nie unterbrochen, denn jede Stunde Untätigkeit ist in der Schifffahrt teuer. Aber ein letzter Hauch von Romantik strahlt doch aus diesem Bild (rechts).

HHLA
HHLA
HHLA

NOELL
OLLERORT TERMINAL

OLLERORT-TERMINAL
RORT CONTAINER TERMINAL
NOELL
ANG MING LINE
MING GLORY
KAOHSIUNG

tainerwelt den modernen Welthafen mehr und mehr dominiert. Gleichwohl übt die Tag und Nacht, bei Wind und Wetter und bei aller Präzision doch fieberhaft rasende Umschlagsmaschinerie des Containerhafens eine eigenartige Faszination aus.
Sehr „menschlich" hingegen ist ein anderer Wachstumsbereich im Hamburger Hafen: Zu den treibenden Wirtschaftsfaktoren der Schifffahrt gehört nämlich seit einigen Jahren das Kreuzfahrtgeschäft. Für schwimmende Paläste, so groß wie die größten Containerschiffe und mit bis zu dreieinhalb Tausend Passagieren besetzt, ist Hamburg zu einem beliebten Anlaufhafen geworden. Sie werden an dem neu geschaffenen Kreuzfahrtterminal in der HafenCity ein- und ausgeschifft. Weil das reiche Hamburg und sein Umland selbst ein großes Potenzial an Kreuzfahrttouristen bieten, stellen sich die großen Reedereien mit ihren neuesten Schiffen gern an der Elbe vor. Eine bessere Werbung gibt es nicht.
Allein 2007 besuchten über 130 000 Kreuzfahrtpassagiere auf 74 Schiffen die Hansestadt. Zur Taufe der „AIDAdiva", die mit einem großen Feuerwerk abschloss, kamen Hunderttausende Besucher an die Landungsbrücken und feierten mit. Und wenn die britische Cunard-Reederei eine neue „Queen Elizabeth 2" oder „Queen Mary" vorstellt – geradezu mythische Schöpfungen der Schiffbautechnik –, dann ist in Hamburg Ausstand, und aus ganz Deutschland reisen die Besucher an
Das zeigt, dass die Faszination des Hamburger Hafens nach wie vor ungebrochen ist. Das im Sechs-Stunden-Rhythmus auf- und abrauschende Wasser der Elbe, das Durcheinander der Barkassen, Schlepper und Fähren auf dem Strom, der Hamburgs Lebensader bildet, der weite Himmel und die kraftvollen, niemals erlahmenden Aktivitäten eines Welthafens bilden eine einzigartige Atmosphäre. Solche Nähe zum Geschehen, so unterschiedliche Bilder, so viel Fernweh – das bietet nur Hamburg.

Wohin man im Hafen auch blickt: Überall dominieren Containerbrücken. Der Tollerort-Terminal gegenüber dem Fischmarkt gehört zu den kleineren Umschlagplätzen, aber auch hier sind die Arbeitsvorgänge genormt, und es wird bei Tag und Nacht gearbeitet.

BERLIN EXPRESS
HAMBURG

Das 7500-TEU-Containerschiff „Berlin Express" passiert, von Ostasien kommend, das ehemalige Kühlhaus von Neumühlen, heute Seniorenheim. Im Bauch des 320 Meter langen 100 000-Tonners arbeiten 93 317 PS.

Die „MSC Rania" (8400 TEU) wartet vor dem Seemannshöft auf das Eintreffen des Hafenlotsen, der mit seinem orangefarbenen Versetzboot bereits unterwegs ist. Mit 332 Metern Länge gehört die „Rania" zu den größeren Schiffen der zweitgrößten Containerreederei der Welt. Der Turm rechts gehört zur Lotsenstation, im Hintergrund das Hochufer der Elbchaussee (folgende Doppelseite).

MSC

Baumwall

Tanz in den Mai – der Hafengeburtstag

Der 7. Mai 1189 gilt offiziell als der Tag der Gründung des Hamburger Hafens – der Freibrief des Kaisers Barbarossa trägt dieses Datum. So richtig echt vom alten Rotbart unterschrieben wurde dieser Freibrief wohl nicht. Aber in seinem Sinne mag es gewesen sein, dass alle mit der Hafengründung verbundenen Rechte an die noch recht bescheidene Siedlung an der Elbe übertragen werden.
Hamburg jedenfalls schert sich nicht darum, und seit die Menschen nicht mehr nur rund um die Uhr im Hafen schuften, sondern auch mehr Freizeit haben, seitdem wird dieser Tag mit einem großen Hafenfest begangen. Natürlich dürfen die üblichen Bierschwemmen und die Schwenkgrills nicht fehlen, aber den rund eine Million Besuchern, die alljährlich im Mai zu diesem Anlass in die Stadt kommen, wird auch etwas geboten: In diesen Tagen liegen echte Windjammer im Hafen, oft eine Flotte von Kriegsschiffen, dazu viele historische Traditionsfahrzeuge, unter Dampf und unter Segeln, Polizei-, Feuerwehr- und Rettungskreuzer und was sonst von sich her macht. Höhepunkte der Veranstaltung sind eine gemeinsame Ein- und Auslaufparade – bei günstigem Wind unter vollen Segeln – und das obligatorische Schlepperballett. Das muss man sehen, wenn die bulligen Bugsierschlepper zur Walzermusik vorwärts, seitwärts, rückwärts, ihre Runden drehen – ein echter Tanz in den Mai!

Aus dem kleinen Riesenrad blickt man über die U-Bahn-Station Baumwall und auf das Hanseatic Trade Center (links).

Beim Hafengeburtstag lassen sich bei den Landungsbrücken echte Windjammer aus der Nähe bestaunen, hier das Museumsschiff „Rickmer Rickmers" und die beiden russischen Rahsegler „Mir" und „Kruzensthern" (unten).

Anlässlich des Hafengeburtstages wird der gesamte Straßenzug entlang der nördlichen Hafenseite für den Verkehr gesperrt. Bis zu einer Million Besucher können dann ungestört Hafenluft schnuppern und, wer's möchte, auch Rummelplatz-Atmosphäre erleben: jedes Jahr am ersten Mai-Wochenende (diese Seiten).

Es passt: Das Super-Traumschiff „Queen Mary 2" wird zur Überholung bei Blohm+Voss ins Trockendock geschoben. Ein besonderes Spektakel für die Besucher des Hafengeburtstages (folgende Doppelseite).

Crêpes
JEVER

GRILL
Grill
HOT DOG
11

Queen Mary 2
Rum- und
Amaretto
Mandeln
Sojakerne
Belli
leckere
Crepes
1,50
Schmalz-
kuchen

Die russische Viermastbark „Sedov" war einmal deutsch, hieß zuerst „Magdalene Vinnen", dann „Kommodore Johnsen" (oben).

Zur Begrüßung auf dem Vorschiff angetreten: die blauen Jungs der Marine (rechts).

Das ist nicht Hamburgs „Schiffe Mastenwald" anno 1880, das ist Hamburgs Mastenwald beim Hafengeburtstag im 21. Jahrhundert (rechts oben).

Ein Feuerlöschboot spritzt aus allen Rohren – traditionelle Begrüßung für besondere Gäste (rechts unten).

Windjammer an den Landungsbrücken, über die Toppen geflaggt. Eine typische Szene beim Hafengeburtstag (folgende Doppelseite).

Spielbank Hamburg

RICKMER RICKMERS
HAMBURG

Neumühlen und Oevelgönne

Sogenannte Polderbebauung bei Neumühlen. Damit die Häuser bei Sturmflut nicht überflutet werden, stehen sie auf erhöhten Poldern und Stützen.

Hamburg ist eine Stadt zum Wohnen und zum Arbeiten – und beides liegt manchmal sehr dicht zusammen. Nirgendwo wird das deutlicher als an der Elbe bei den Vororten Altona und Othmarschen. Eben noch prägt moderne Büroarchitektur die Wasserkante, und der Anleger für die Bugsier-Hafenschlepper verbreitet geschäftige Atmosphäre, da sorgt der mächtige Backsteinblock des einstigen Union-Kühlhauses für eine Zäsur. Der Kuppelbau ist heute zu einem Seniorenheim umgewidmet.

Gleich nebenan, am Anleger Neumühlen – wo auch die Fähre von der Innenstadt nach

Finkenwerder festmacht – sind die Boote des Museumshafens Oevelgönne vertäut, alles ehemalige Gebrauchsfahrzeuge, segelnde Ewer und Kutter, ein Schwimmkran, Dampfboote, ein Feuerschiff, und auch der Dampfeisbrecher „Stettin" hat hier seinen festen Liegeplatz. Alle Museumsschiffe sind noch voll einsatzfähig.
Von hier elbabwärts ziehen sich unterhalb der Elbchaussee Strand und Parks bis ins ferne Blankenese, und entlang eines schmalen Fußwegs, Oevelgönne genannt, stehen an den Hang geschmiegt die berühmten Kapitäns- und Lotsenhäuser. Lotsen und Kapitäne leben hier nicht mehr, aber Oevelgönner gibt's noch. Es sind viele Künstler und Journalisten darunter, die ihre Gärten liebevoll pflegen und hoffen, dass die Sturmfluten im Winter nicht allzu schlimm wüten.
Am Strand von Oevelgönne liegt das Szenelokal „Strandperle", wo man bei Bier und Wein das An- und Ablegen riesiger Containerschiffe verfolgen kann. Das Ende von Oevelgönne markiert der „Alte Schwede", ein 217 Tonnen schwerer Findling, den die Eiszeit aus Schweden an die Elbe geschoben hat.
Egal, zu welcher Jahreszeit: Oevelgönne gehört zu den beliebtesten Spazierwegen Hamburgs – hier lässt sich Hafenatmosphäre auch aus der Distanz genießen.

Links im Bild das ehemalige Kühlhaus, heute Seniorenheim, davor der Liegeplatz der Hafenschlepper.

MICHEL
WILHELMINE
HAMBURG
HAMBURG

STETTIN
EISBRECHER
ELBE 3

Historische Berufsfahrzeuge des Museumshafens Oevelgönne haben am Anleger Neumühlen ihren Liegeplatz. Segelnde Ewer mit Seitenschwertern gegen das seitliche Abtreiben gehörten einst zum wichtigsten Verkehrsmittel des Unterelberaums (oben und links).

Das ehemalige „Kühlhaus Neumühlen" aus zwei Blickrichtungen: einmal von der Seite, an der die Hafenschlepper festgemacht haben, einmal aus Sicht des Museumshafen Oevelgönne mit dem Dampfeisbrecher „Stettin" und dem Feuerschiff „Elbe 3" (linke Seite).

Blick von Neumühlen elbabwärts. Vorn der Museumshafen mit dem Lüfterbauwerk des neuen Elbtunnels, dahinter der Strand vor dem Lotsendorf Oevelgönne. Was die Hamburger einst „Arbeiter-Riviera" nannten, ist heute Grill- und Badeplatz für alle (oben und rechts).

Der Wanderweg führt durch Oevelgönne. Die bevorzugte Wohnlage am Wasser ist heute aber nur noch bei bevorzugtem Gehalt zu bezahlen. Wer die wunderschönen Häuser und gepflegten Gärten sieht, wird begeistert sein (rechte Seite).

Oevelgönne mit seinen weißen Villen und Lotsenhäusern liegt zu Füßen der Elbchaussee, ganz dicht am Wasser (folgende Doppelseite).

101

TROMSØ TRUST

Elbvororte und Blankenese

Zu den großen deutschen Prachtstraßen zählt die Elbchaussee. Sie zieht sich auf dem Rücken des Geesthanges von Altona westwärts hin und endet erst in Hamburgs prominentem Vorort Blankenese. Zu beiden Seiten der knapp neun Kilometer langen Straße liegen viele schlossähnliche Villen, umgeben von weitläufigen Parks, einige öffentlich zugänglich, andere privat. Hier bauten die reichen Hamburger Reeder und Kaufleute einst ihre Sommerhäuser, bevorzugt auf der Wasserseite. Der Hamburger weiß: Die ungeraden Hausnummern sind wasserseitig, also besonders teuer.
Die Elbchaussee hat nichts von ihrem herrschaftlichen Charakter verloren, auch wenn die meisten Villen inzwischen in Wohnungen aufgeteilt wurden.
Mit besonderem Weitblick gesegnet ist Blankenese. Das bereits um 1300 erwähnte ehemalige Fischerdorf hat sich über die gesamte umgebende Hügellandschaft ausgedehnt, viele Häuser sind nur über Treppen zu erreichen.
Blankenese überrascht mit einem geradezu italienischen Flair, und von der Terrasse des alles überragenden Süllbergs aus meint man schon die Nordsee zu sehen. Doch nicht nur der Blick von oben lädt zum Staunen, auch der Blick aus Wasserhöhe. Auf dem Blankeneser Fähranleger, dem „Bull'n", ist man so dicht an der Fahrrinne, dass sich die größten Überseeschiffe in voller Fahrt fast mit der Hand anfassen lassen. Wer in Blankenese wohnt, muss Seemann werden oder Reeder oder wenigstens Sportsegler. Blankenese ist Schifffahrt pur.

Die Elbchaussee ist Hamburgs Prachtstraße. Von der Höhe des Geestrückens über der Elbe lässt sich der Strom überschauen (linke Seite). Das Jenisch-Haus bei Teufelsbrück ist heute Museum und Café (unten).

Südländisches Flair und einen großartigen Blick über Unterelbe und Hafen bietet Blankenese. Hamburgs prominentester Vorort war einst ein Fischerdorf und wird gekrönt vom beflaggten Süllberg und dem Kanonenberg mit Leuchtturm (folgende Seiten).

Bildnachweis

Fotos: Michael Pasdzior, Hamburg / www.Hamburg-Dia.de

bis auf:

Archiv Edition Maritim, Hamburg: S. 50/51

Hans Breuer/Denkmalschutzamt Hamburg, Bildarchiv: S. 54 u., 56, 57 o., 59 o.

Denkmalschutzamt Hamburg, Bildarchiv: S. 60

Eberhard Haase/Deutsches Schifffahrtsmuseum, Bremerhaven: S. 61 u.

Sammlung Hamann/Denkmalschutzamt Hamburg, Bildarchiv: S. 52, 53 u., 54 o.

HHLA/Hamburger Hafen und Logistik AG, Hamburg: S. 57 u., 66/67

Julius Hollos, Hamburg: S. 55

Walter Lüden/Deutsches Schifffahrtsmuseum, Bremerhaven: S. 63

Carl Werner Schmidt-Luchs, Neu Wulmstorf: S. 58, 59 u., 61 o., 62, 64/65

Strumper & Co./Denkmalschutzamt Hamburg, Bildarchiv: S. 53 o.

Karte: Ausschnitt aus der Hafenkarte 1:50 000 (HK50) Hafen von Hamburg.

Präsentiert mit Genehmigung von HPA/Hamburg Port Authority, Hamburg

Der Hafen von Hamburg

Herausgeber + ©:
Hamburg Port Authority • Neuer Wandrahm 4 • 20457 Hamburg.
Kartographie 5612 • Tel.: 040 / 428 47 - 3997 • Februar 2008.
e-Mail: kartographie.hafen@hpa.hamburg.de